Bibliografische Information der Deutschen Nationalbibliothek:

Die Deutsche Bibliothek verzeichnet diese Publikation in der Deutschen National-
bibliografie; detaillierte bibliografische Daten sind im Internet über http://dnb.d-
nb.de/ abrufbar.

Impressum:

Copyright © 2016 GRIN Verlag, Open Publishing GmbH
Druck und Bindung: Books on Demand GmbH, Norderstedt Germany
ISBN: 9783668248113

Pascal Schneider

Jürgen Kockas "Geschichte des Kapitalismus". Entwicklungen seit der Antike bis zur heutigen Finanzialisierung

Eine Rezension

GRIN Verlag

Goethe-Universität Frankfurt am Main
Fachbereich 03 Gesellschaftswissenschaften
Veranstaltung: Entwicklungstheorie
Wintersemester 2015/16

Rezension

Geschichte des Kapitalismus

(Jürgen Kocka)

vorgelegt von:

Pascal Schneider
BA Soziologie/Politik
Fachsemester 3

Frankfurt am Main, den 21.03.2016

Inhaltsangabe

1. „Geschichte des Kapitalismus"

Die Entstehung der Begriffe „Kapitalismus" oder „kapitalistische Produktionsweise" als Bezeichnung für unser heutiges Wirtschaftssystem geht in die Zeit von Marx zurück. Der Kapitalismus bedeutete für Marx vor allem den Klassengegensatz des arbeitenden Proletariats und der Bourgeoisie, den Kapitalisten, die die Produktionsmittel besaßen. Adam Smith beschrieb schon lange vor Marx, im 18. Jahrhundert, erste ökonomische Gesetzmäßigkeiten wie Angebot und Nachfrage.

Doch schon lange bevor der Kapitalismus und seine Funktionsweise beschrieben wurden und Einfluss auf die gesamte Gesellschaft nahmen, entwickelten sich kleine „Inseln" kapitalistischen Handelns. Jürgen Kocka, ehemaliger Professor für Geschichte der industriellen Welt an der Freien Universität in Berlin, beschreibt in „Geschichte des Kapitalismus" die ersten Anfänge von marktwirtschaftlichem Handeln in der Antike und im Mittelalter, die kapitalistische Gesellschaft seit Beginn der Neuzeit und den modernen Kapitalismus, beschleunigt durch die Industrialisierung, verändert durch den Fordismus bis hin zum heutigen neoliberalen Finanzkapitalismus.

In dieser Rezension beziehe ich mich auf die Version, die bei der Bundeszentrale für politische Bildung bpb in Bonn 2015 erschienen ist.

2. Inhaltsangabe

Auf knapp 130 Seiten geht Kocka in Kapitel I. zunächst auf den Begriff „Kapitalismus" ein. Er beschreibt die Entstehung des kontroversen Begriffes und umreißt die Klassiker Marx, Weber und Schumpeter mit ihrer jeweiligen Definition des Kapitalismus. Nach weiteren Definitionen stellt Kocka eine Arbeitsdefinition für die Monographie auf. Kapitel II. widmet sich dem Kaufmannskapitalismus. Über frühe Ansätze etwa im Zweistromland, China und Arabien, Europa als „Nachzügler" kommt Kocka zu einem Zwischenergebnis um 1500. Kapitel III. - „Expansion" - zeigt die kapitalistische Entwicklung ab 1500 mit der ursprünglichen Akkumulation nach Marx im Kolonialismus, dem Aufkommen von Aktiengesellschaften und dem Finanzkapitalismus, Dreieckshandel und Industriekapitalismus. In IV. geht Kocka auf den modernen Kapitalismus seit der Industrialisierung ein; mit der Globalisierung, dem Wandel von Familienunternehmen zu von Managern geführten Aktiengesellschaften, der zunehmenden Finanzialisierung, dem Wandel der Lohnarbeit und dem Verhältnis von Markt und Staat.

3

2.1 „Was heißt Kapitalismus?"

Der heute noch sehr unscharf definierte Begriff „Kapitalismus" habe sich durch die Kritik an der kapitalistischen Produktionsweise entwickelt, also dem Einbehalten von Gewinnen zur Reinvestition, um die Produktivität zu steigern. Auch der Klassengegensatz von Proletariern und Kapitalisten macht den Begriff aus, wodurch der Begriff normativ aufgeladen sei. Alternativ werde daher auch vom „Marktwirtschaft" gesprochen. Seit 2008 sei das Interesse am Kapitalismus stark angestiegen, was ein Boom von Seminaren zur Kapitalismusgeschichte an Universitäten zeige (S. 6).

Zentral für Marx sei im Kapitalismus der Markt mit seiner „gnadenlose[n], Grenzen überschreitende[n] Konkurrenz". Der ursprünglichen Arbeit als gewaltvolle Enteignung folge nach Marx die weitere Akkumulation, das Reinvestieren von Gewinnen, die eigentlich dem Proletariat zustünden, als Selbstzweck. Zudem gebe es ein Spannungsverhältnis zwischen Kapitalisten, Unternehmern und den Arbeitern. Die Logik des Marktes dehne sich nach Marx in alle Lebensbereiche aus. Weniger dramatisch definiere Max Weber den Kapitalismus als rationales System, das auch durch nichtökonomische Systeme wie Staat, Religion, Ethik und Rechtssystem beeinflusst werde. Dabei sei sein Blick historisch breiter als der von Marx, beide vereine die soziale Ungleichheit, die der Kapitalismus erzeuge. Als System, das mit Rationalität und Innovationskraft zu Wachstum für alle und schließlich materiellen Wohlstand führt, beschreibe Joseph A. Schumpeter den Kapitalismus. Er sehe allerdings ein Ende, das das System sich selbst bereite: Indem der Kapitalismus die Großfamilie zerstöre, schade er seinem eigenen Kern. John Maynars Keynes habe an der ständigen Rationalität gezweifelt, Karl Polanyi habe einen Gegensatz von Markt und Gesellschaft gesehen. Er habe die entfesselten Marktkräfte als „satanic mills" beschrieben und die vorkapitalistische Zeit stark romantisiert.

Die verschiedenen Definitionen der Autoren zeigen, dass der Begriff „Kapitalismus" stets vielseitig definiert wurde, als System der Unterdrückung wie bei Marx, aber auch als Fortschrittsmotor wie bei Schumpeter. Bei allen Autoren findet sich aber der Trend zur Selbstauflösung des Kapitalismus, der mit seinem Wachstumsdrang die Gesellschaft regelmäßig erneuert, wie kein anderes System. Kocka hat hier den Diskurs um den Begriff sicherlich nur angekratzt, der Leser gewinnt allerdings eine Ahnung, wieso nicht schlicht mit dem Begriff weitergearbeitet werden kann, sodass Kocka schließlich zu einer Arbeitsdefinition für seine Monographie kommt. Kocka sieht individuelle Eigentumsrechte, die Koordinierung von Angebot und Nachfrage über Märkte und Preise und investierbares Kapital mit der Akzeptanz von Renditen und Unsicherheiten als zentral an.

2.2 „Kaufmannskapitalismus"

Bereits in der griechisch-römischen Antike habe es eine Kommerzialisierung des Alltags gegeben, einhergehend mit Gewinnstreben und Profit. Das Ziel sei allerdings nicht etwa Reinvestition und Produktivitätszuwachs gewesen, sondern vor allem Macht und Reichtum. Krieg und Beute seien kein seltenes Mittel gewesen, dieses Ziel zu erreichen. Kocka sieht das System nicht als kapitalistisch, erkennt aber die Geldwirtschaft als kapitalistische Eigenschaft an. Weiter geht er auf China, Arabien und Europa vor 1500 ein, die er ebenfalls nicht als kapitalistische Systeme auf heutigem Stand anerkennt. Er beschreibt allerdings „kapitalistische Inseln", also eher das Verhalten einzelner Händler und nicht der gesamten Gesellschaft.

Während man in China zur Zeit des Konfuzianismus noch ablehnend gegenüber großer Ungleichheit gestanden habe, habe sich mit der Ausbreitung des Buddhismus im 8. Jahrhundert eine Kultur der Kapitalbildung und -vergabe entwickelt. In der Sung-Dyastie (960 – 1279) habe sich durch die Expansion der chinesischen Flotte der Fernhandel stark ausgebreitet. Folge sei ein Anstieg von exotischen Importprodukten gewesen. Auch habe in dieser Zeit die Zirkulation von Banknoten begonnen. Mit dem Einfall der Mongolen und der Ming-Dynastie habe der Fernhandel durch eine verstärkte Grenzsicherung gelitten, allgemein herrschte wachsendes Misstrauen gegenüber Kapitalakkumulation.

Vom 7. bis zum 13. Jahrhundert entwickelte sich der Islam zur Weltreligion. Schon 800 waren Mekka und Medina Kaufmannsstädte, das Islamische Reich mit seinen Marktstrukturen dehnte sich von Westasien über Nordafrika bis zur Iberischen Halbinsel aus, was den Zerfall des Römischen Reichs begünstigte. Die Expansion des Islam war keine kapitalistische, sondern durch Krieg und Gewalt geschehen. Die gemeinsame muslimische Kultur und arabische Sprache ermöglichten einen Fernhandel, der stabiler war als der chinesische. Es gab erste Anzeichen von Arbeitsteilung. Investitionen und Geldverleih mit Zins waren offiziell verboten, eine Umgehung durch Christen und Juden war allerdings möglich. Obwohl Händler ein großes Ansehen genossen, waren Staat und Wirtschaft strikt getrennt.

Auch in Europa beeinflusste das Ende des Römischen Reichs die Marktstrukturen. Religiös geprägte Kreuzzüge führten zu Akkumulation von Kapital, allerdings auch zum Aufbau von Fernhandel.

Man bildete bald genossenschaftliche Strukturen, etwa Handelsflotten, Kontore und bald die Hanse, um Kosten und Risiken zu teilen und damit zu minimieren. Die meist überdurchschnittlich gebildeten Kaufleute entwickelten einen Finanzkapitalismus mit Aktiengesellschaften und Banken. Der Zweck des Handels war allerdings oft Reichtum zur Repräsentation der Familie.

Der Kaufmannskapitalismus war von 500 bis 1500 ein globales Phänomen mit Europa als Nachzügler, der von Asien und Arabien lernte. Kocka sieht überall vor allem die Staatsbildung als zentrale Voraussetzung für die Marktbildung, etwa durch Eigentumsrechte und Sicherheit.

2.3 „Expansion"

Im folgenden Teil beschreibt Kocka die weitere Ausbeitung der kapitalistischen Handelsweisen hin zu einer kapitalistisch organisierten Gesellschaft. Der im 16. Jahrhundert vorherrschende südeuropäische Kronkapitalismus mit einem Zuwachs von spanischen und portugiesischen Kolonien wurde im 17. Jahrhundert von den Niederlanden und ihrem Kaufmannskapitalismus abgelöst. Am Meer gelegen und mit einer starken Tendenz zur Verstädterung konnten die Niederlande eine moderne Wirtschaft, etwa mit Aktiengesellschaften und Kapitalmärkten, etablieren. Im 18. Jahrhundert folgte schließlich England als führende Kolonialmacht, das unterschiedliche Kolonien in unterschiedlichen Herrschaftsformen unterhielt, was sich heute noch zeigt: Die USA wurden früh unabhängig, Indien oder Hong Kong (heute der Volksrepublik China zugehörig) erst vor einigen Jahrzehnten und Australien und Kanada haben noch heute die Queen als Staatsoberhaupt. Kocka betont, dass die Expansion der Wirtschaften nicht bloß auf kapitalistische Tendenzen beruhte. Häufig spielten christlich-missionarische Ziele oder Verschuldung von „Entdeckern" bei ihren Geldgebern eine Rolle. Der Dreieckshandel zwischen Europa, Afrika und Amerika brachte schließlich Reichtum, Rohstoffe und Konsumgüter nach Europa, was die Industrialisierung ankurbelte.

Spätestens mit den Niederlanden als führende Nation wandelte sich das Unternehmen. Konglomerate kamen auf, die monopolistisch auf politischen Druck hin arbeiteten. Die „Vereinigte Ostindische Companie" etwa war eine Aktiengesellschaft, die quasistaatliche Strukturen in den Kolonien aufbaute und diese regierte. In den Niederlanden machte sie ihre Anteilseigner reich. Unternehmensanteile wurden bald börslich gehandelt, es entstanden erste Spekulationsblasen und generell ein Finanzkapitalismus. Das gesamte internationale Finanzwesen verlagerte sich schließlich nach Amsterdam, später nach London, neue, städtische Banken wurden gegründet, die die Finanzierung von Staatsausgaben erleichterten. Staatsschulden wurden üblich, bis es schließlich zu Schuldenschnitten für die öffentliche Hand kam.

Diese Entwicklung macht deutlich, dass der Finanzkapitalismus nicht etwa ein modernes Phänomen ist, das erst durch die industrielle Revolution entstand. Im Gegenteil: Bereits im mittelalterlichen Italien entstanden erste Banken, der eben beschriebene niederländische/englische Finanzkapitalismus entstand ohne eine Form von Industrialisierung. Ein weiterer Irrtum sei es, vom doppelt-freien Lohnarbeiter zu sprechen. Das Aufkommen des Kapitalismus sei vor allem durch Sklavenarbeit möglich geworden, die in den Minen und auf den Feldern in Amerika arbeiteten. Auch europäische Siedler verpflichteten sich zu 5 bis 10 Jahren Zwangsarbeit nach einer „kostenlosen" Überfahrt in den Westen. Der Kapitalismus sei also nicht automatisch ein Garant für das freie Individuum, sondern funktioniere gut mit repressiven Arbeitsverträgen (S. 37). Auch wenn Sklaven oft unmotiviert waren, ihre Arbeit verweigerten oder gar Anschläge gegen ihre Unterdrücker verübten, blieb die Sklavenarbeit in den Kolonien profitabel. Ihr Verbot wurde schließlich durch religiös-humanitäre Reformen erreicht, nicht wegen ihrer Ineffizienz. Auch hier wird deutlich: Der Kapitalismus funktioniert gut mit repressiven Strukturen, die Theorie, dass die spätere Industrialisierung erst mit den Gewinnen aus der Sklavenarbeit möglich wurde, sei bis heute nicht verwerfbar (S. 58).

Die Landwirtschaft im Mittelalter könne man sich nicht „ruhig und stagnierend" vorstellen. Regional unterschiedlich gab es moderne Strukturen, die nicht durch den Feudalismus bestimmt waren und Arbeitsteilung und Fernhandel begünstigten. Die Landwirtschaft in Osteuropa war kleinbäuerlich und, durch die Feudalherren geleitet, stark exportorientiert, in England gab es kaum feudalistische Strukturen, eher einen Trend der Enteignung von Kleinbauern und der Privatisierung von Gemeineigentum zugunsten von Großunternehmern. Es folgte eine Urbanisierung und Massenarbeitslosigkeit, was die spätere Industrialisierung begünstigte. In den Niederlanden wurden Kleinbauern geschützt.

Hier wurden Großeigentümer zu „Verlegern", die in die Bauern investierten und mit Netzwerken von kleinen Heimarbeitern eine protoindustrielle Wirtschaft aufbauten, mit Fernhandel und allgemeinem Zuwachs von Produktivität und Wohlstand. Allgemein aber verhinderten Handwerkerzünfte einen Wettbewerb zwischen den Kleinunternehmern. Der Wandel von der Protoindustrie zur Industrie verlief nicht bruchlos und automatisch. Vorbehalte gegenüber rationalem, eigennützigem Denken wurden vermehrt von aufklärerischen Philosophen wie Adam Smith thematisiert. Gerade in England wandelte sich die gemeinschaftlich organisierte Bevölkerung zu einer Gesellschaft, dir durch Marktbeziehungen Vertrauen in bis dato fremde

Menschen aufbaute. Es bildeten sich Vereine und Organisationen, etwa um eigene Interessen durchzusetzen oder nur zum Vergnügen. Der Spaß am Wetten bei Pferderennen oder an der Börse nahm zu, allerdings auch die Spaltung der Gesellschaft in arm und reich. Wohlhabende grenzten sich in „Gentlemen's Clubs" von den Arbeitern in ihren „Friendly Societies" ab (S. 72). Der Kapitalismus förderte diese Strukturen und auch neue Tugenden wie Fleiß oder Disziplin. Konflikte wurden nicht mehr nur durch Kriege, sondern durch Kompromisse befriedigt, was wiederum die weitere kapitalistische Entwicklung beschleunigte.

2.4 „Der Kapitalismus in seiner Epoche"

Aus der Utopie „Kapitalismus", die vor allem die Aufklärung förderte, wurde, spätestens mit der Industrialisierung, eine Stimmung „zwischen nüchterner Akzeptanz und scharfer Kritik" (S. 78). Doch Industrialisierung und Kapitalismus seien, so Kocka, getrennt zu betrachten. So fand in der Sowjetunion eine Industrialisierung ohne kapitalistisches System statt. Allerdings funktionierten Kapitalismus und Industrialisierung gemeinsam besonders gut, vor allem wegen großer Gemeinsamkeiten, wie dem Bedarf an Investition und ständiger Suche nach neuen Lösungen. Somit schafften es kapitalistische Industriestaaten, einen Vorsprung in Hinsicht auf Wohlstand und Wachstum zu erlangen. Mit seinen internationalen Auswüchsen, der Globalisierung, verlöre der Nationalstaat allerdings nicht an Bedeutung, obwohl die Gesellschaften international immer weiter aneinanderrückten. Kocka macht hier sein Prinzip deutlich: Die unbedingte Koexistenz von Markt und Staat.

Weiter beschreibt Kocka einen Übergang von familiengeführten Unternehmen zum Managerkapitalismus. Viele heutige Kleinunternehmen sowie traditionelle Industrieuntenehmen sind geführt von Unternehmern, die mit eigenem Kapital haften und das Unternehmen führen, oft als Erbschaft, im Sinne ihrer Familie. Auch durch den internationalen Wettbewerb streben Unternehmen allerdings nach Größe, Familienunternehmen werden in Aktiengesellschaften umgewandelt, weitere Kapitalgeber drohen so, in die Führung einzugreifen. Ängste und Hoffnungen zu diesem Wandel seien allerdings unbegründet, angestellte Manager handelten oft nicht besser oder schlechter als klassische Unternehmer.

Dass der Finanzsektor schon vor der Industrialisierung eine lange Tradition hat, beschreibt Kocka schon in Kapitel III – Expansion. Mit der Industrialisierung gewannen allerdings, nach dem Produktionssektor und dem eher marginalen Finanzsektor, der Industrie- und der Dienstleistungssektor stark an Bedeutung. Spätestens seit der konservativen Revolution und dem aufkommenden Neoliberalismus boomt der Finanzsektor. Die Weltwirtschaftskrise 2008 war eine Krise des Finanzsektors, die noch bis heute andauert und Auswirkungen auf die gesamte Weltwirtschaft hat. Renten, Sparpläne und Versicherungen sind heute abhängiger denn je von Aktienmärkten, Pensionsfonds zählen zu den größten Playern auf dem internationalen Finanzmarkt. Dass dies auch an den großen Traditionsunternehmen nicht vorbeigeht, zeigt der Übergang zum Managerkapitalismus. Unternehmen werden, auch durch die Digitalisierung, vergleichbarer. Ihre Strukturen werden transparenter, das zentrale Ziel des Unternehmens ist die Steigerung des Shareholder Value, Produktivitäts- und Profitsteigerung. Ein Indikator der Finanzialisierung sei auch der rasante Anstieg der öffentlichen und privaten Schulden seit dem Ende von Bretton Woods. Investition durch Konsumverzicht wird durch Investition auf Pump ersetzt – der Schuldenanstieg ist deren Ergebnis.

Die Finanzialisierung nimmt auch Einfluss auf die Lohnarbeit. Mit dem frühen Kapitalismus entwickelten sich Lohnarbeitsverhältnisse, also der Tausch von Arbeitskraft gegen Lohn. Kocka differenziert Lohnarbeit von Zwangsarbeit, etwa als Sklavin oder als Arbeiter unter einem Feudalherren. Der Begriff „doppelt freier Lohnarbeiter", also frei von Produktionsmitteln und frei von ökonomischen Zwängen, ist zynisch, da das Lohnarbeitsverhältnis meist ein Macht- bzw. Unterdrückungsverhältnis darstellt (S. 105). Mit Arbeitskämpfen erreichte die Arbeiterschaft im Westen schließlich Arbeitsverhältnisse mit Garantien, etwa auf Urlaubstage, freie Wochenenden, den Acht-Stunden-Tag oder Kündigungsschutz. Diese, weltweit und historisch betrachtet, Insel der Glückseligkeit, „Normalarbeitsverhältnis" genannt, droht nun mit dem Neoliberalismus wieder zu versinken. In Deutschland schaffte die Agenda 2010 prekäre Jobs, die sich durch fehlenden Kündigungsschutz, niedrige Löhne und fehlende Aufstiegsschancen auszeichnen. Kocka macht deutlich, wie rasant der Aufstieg dieses Prekariats, der „atypischen" Jobs, stattfand. So kamen 1970 auf eine atypisch Beschäftigte fünf Personen im Normalarbeitsverhältnis. Heute arbeitet bereits jede dritte Person prekär. (S. 109) Elastizität und Flexibilität, die heute bei Unternehmen gefordert ist, wird auch vom einzelnen Menschen verlangt, mit allen sozialen Konsequenzen.

Markt und Staat sieht Jürgen Kocka nicht notgedrungen als Kontrahenten. Obwohl Markt (Geld) und Staat (Macht) verschiedene Medien bestimmen und Diskussionen um mehr oder weniger Markt oder Staat beide als fast unvereinbar darstellen, sei Markt nicht ohne Staat möglich. Dies zeige der wirtschaftliche Aufstieg der Tigerstaaten, der nur durch Verstaatlichung gelungen sei (S. 114). Auch im geschichtlichen Teil mit Blick auf China, Arabien und Europa zeigt Kocka den Zusammenhang zwischen Staat und funktionierender Wirtschaft. Das Zusammenspiel von Markt und Staat – als Kontrahenten oder Verbündete, sei allerdings historisch und von Land zu Land unterschiedlich. So gab es auch in Deutschland keynesianisch orientierte, staatsinterventionistische Phasen, aber auch den Trend seit der konservativen Revolution des Zurückhaltens des Staates aus der Wirtschaft. Mit der Finanzkrise 2008 etwa änderte sich wieder das Verhältnis. So griff der Staat als „Retter" im Bankensektor ein. Das Machtverhältnis der beiden wird also auch zukünftig weiter schwanken und umstritten sein. Markt und Staat gehören zusammen – Auf welche Weise? Das ist eine Frage, die stets neu gestellt und beantwortet werden muss.

2.5 „Ausblick"

Rückblickend sieht Kocka den Kapitalismus als ein sehr wandelbares System, das sich an die äußeren politischen und sozialen Umstände anpassen kann. Kapitalismuskritik sei so alt wie der Kapitalismus selbst – und auch diese änderte sich mit der Zeit. Zwar sei die kapitalistische Gesellschaft heute längst keine Utopie mehr, das Spektrum der Kapitalismuskritik ist breit, - doch der Kapitalismus konnte über die Jahrhunderte stets Widersprüche auflösen. Mit genügend politischem Druck sei so auch ein in Zukunft nachhaltiger und regenerativer Kapitalismus möglich.

Gerade in Zeiten der Finanzkrise und der Kritik an exorbitant hohen Managergehältern und zunehmend sozialer Spaltung sei Kritik am Kapitalismus und die Suche nach Alternativen hoch im Kurs. Doch rückblickend sei der Kapitalismus ein System, das eher Gleichheit und Gerechtigkeit etablierte. Sinnvoll sei es also, nach einem besseren Kapitalismus zu suchen, statt den Kapitalismus abzuschreiben. Die Kritik am Kapitalismus sei dabei die treibende Kraft (128).

3. Der Autor

Jürgen Kocka war vor seinem Ruhestand Professor an der Freien Universität und Humbold Universität in Berlin. Zuvor absolvierte er verschiedene Stationen, etwa am Zentrum für interdisziplinäre Forschung in Bielefeld oder als Gastprofessor in den USA, Israel, Japan, Ungarn, Frankreich und England. Er studierte in den sechziger Jahren Geschichte, Politik, Germanistik, Soziologie und Philosophie in Marburg an der Lahn, Wien, Berlin und North Carolina. Er veröffentlichte bisher 27 Monographien, 57 Schriften und zahlreiche Artikel (WZB).

Die Frankfurter Allgemeine Zeitung ordnet Kocka als linksliberal ein (FAZ 2013). Hier betonte er in einem Interview die Anpassungsfähigkeit des Kapitalismus insgesamt – und die Krise des Finanzkapitalismus im Speziellen.

4. Die Monographie im entwicklungstheoretischen Diskurs

Das zentrale Argument Kockas ist der Zusammenhang und die gegenseitige Abhängigkeit von Markt und Staat. Schon mit dem Beispiel China macht er deutlich, dass sich erst marktwirtschaftliche Strukturen bilden konnten, als der Staat diese Tolerierte und etwa mit Recht und Justiz einen Ordnungsrahmen bildete. Auch der arabische Fernhandel, der rasantes Wachstum ermöglichte, wurde erst durch eine gemeinsame Kultur und Sprache, quasi einen gemeinsamen Staat möglich. Heute hat dies nicht an Bedeutung verloren: Kapitalistische Staaten drängen weiterhin Entwicklungsländer, marktwirtschaftliche Strukturen zu übernehmen. Ein Rahmen der Rechtssicherheit und zuverlässiger Verwaltung ist bei den Forderungen vor der Kreditvergabe, etwa durch IWF und Weltbank, keine Nebensache.

Im entwicklungstheoretischen Diskurs – grob gegliedert in Modernisierungs-, Dependenztheorie und Post-Development – ist die Monographie eher der Modernisierungstheorie zuzuordnen. Obwohl Kocka etwa auf die „Ursprüngliche Akkumulation" in der Kolonialzeit eingeht, was eine Unterwerfung der Kolonien bedeutete, scheinen für den Autor stets innere Faktoren – eben die Verstaatlichung – Voraussetzung für wirtschaftliche Entwicklung zu sein. Die Sinnhaftigkeit von Entwicklung stellt Kocka nicht infrage, für ihn überwiegen die Vorteile die Nachteile.

Einen fünf-Punkte-Plan wie Rostow will Kocka allerdings nicht vorweisen. Er macht deutlich, wie verschiedenartig „der" Kapitalismus auftreten kann. Es gibt hier keinen Anfang, keinen Übergang und kein Ziel kapitalistischer „Entwicklung", der breite historische Blick macht deutlich, dass Dynastien auch ganz ohne äußere Einflüsse zugrunde gehen können, dass solche Entwicklungen aber auch Zeit – oft Jahrhunderte – benötigen. Sein Rezept für Entwicklungsländer: Der Aufbau eines Rechtsstaates mit individuellen Freiheiten – die Entwicklung kommt dann von alleine.

5. Fazit

Jürgen Kocka, wie hast du's mit dem Kapitalismus? Die Antwort ist nicht in einem Halbsatz beantwortbar. Leserinnen des Buches, die sich vor der Lektüre kaum mit dem Thema beschäftigten und einfache Antworten, etwa eine grundsätzliche Abneigung gegen den Kapitalismus, präferieren, werden vermutlich umgestimmt. Denn Kocka beschreibt nicht schlicht die „Satanischen Mühlen" wie Polanyi, die Unterdrückung des Proletariats wie Marx oder die Wohlstand bringende Rationalität wie Weber oder die Denker der Aufklärung. Kocka versucht, Befürworter und Gegner zusammenzubringen, die ganze Geschichte zu erzählen, von der Antike bis zum heutigen Finanzmarktkapitalismus. Dabei ist er keineswegs unkritisch – er zeigt Schwachpunkte auf und denkt Global. Wer geneigt ist, den Kapitalismus wegen seiner sozialen Ungleichheit abzulehnen, wird von den dialektischen und emanzipierenden Fähigkeiten angetan sein: Etwa Glaubensunterschiede der Teilnehmer sind auf dem Markt gleichgültig. Wer überzeugter Befürworter ist, wird auf die Gefahren der Finanzmärkte aufmerksam, die etwa das Bild des ehrbaren Bankkaufmanns zerstört haben.

Die Monographie macht den Leser nicht zu einer Expertin der Monetarisierung im Alten Rom oder des Finanzkapitalismus im 18. Jahrhundert. Sie gibt aber einen Überblick mit oft überraschenden Zusammenhängen. Jürgen Kockas „Geschichte des Kapitalismus" sei jedem empfohlen, der in das Thema einsteigen möchte oder einen historischen Überblick wünscht. Der Rezensent empfindet das Buch als einen generell konstruktiven Beitrag zur Debatte um den Kapitalismus, der nicht polarisiert, sondern analytisch Probleme des Systems aufzeigt, ohne die Anpassungsfähigkeit des Kapitalismus zu unterschätzen.

Literatur und Quellen

Bei einfachen Seitenzahlen – Rezensierte Monographie:

Kocka, Jürgen (2015): *Geschichte des Kapitalismus*. Bonn: Bundeszentrale für politische Bildung.

Weitere Quellen:

FAZ – Frankfurter Allgemeine Zeitung (2013): „*Der Kapitalismus ist unberechenbar*". Online: faz.net/-gqe-7hana (zuletzt geprüft am 20. März 2016).

WZB – Wissenschaftszentrum Berlin für Sozialforschung. Online: wzb.eu/de/personen/juergen-kocka (zuletzt geprüft am 20. März 2016).